DROITS

ET

DEVOIRS RESPECTIFS

DES

PROPRIÉTAIRE, LOCATAIRE

ET

CONCIERGE

Par Maître ZÈDE

Prix : 0 fr. 75

NOUVELLE ÉDITION, REVUE ET CORRIGÉE

PARIS

PAUL SÉVIN, LIBRAIRE-ÉDITEUR

8, BOULEVARD DES ITALIENS, 8

1891

DROITS

ET

DEVOIRS RESPECTIFS

DES

PROPRIÉTAIRE, LOCATAIRE

ET

CONCIERGE

CORBEIL. — IMPRIMERIE CRÉTÉ.

DROITS

ET

DEVOIRS RESPECTIFS

DES

PROPRIÉTAIRE, LOCATAIRE

ET

CONCIERGE

Par Maître ZÈDE

NOUVELLE ÉDITION, REVUE ET CORRIGÉE

PARIS

PAUL SÉVIN, LIBRAIRE-ÉDITEUR

8, BOULEVARD DES ITALIENS, 8

1891

NOTE DE L'ÉDITEUR

En France, nul n'est censé ignorer la loi, et cependant combien n'y a-t-il pas de gens qui l'ignorent ?

C'est à ceux-là que notre « **Petite bibliothèque populaire de droit pratique** » s'adresse d'une façon toute spéciale.

Chacun pourra trouver dans notre collection tous les renseignements pratiques dont il aura besoin ;

Nous donnons des modèles pour tous les actes sous seing privé ;

Nous indiquons le coût de chacun des actes de procédure, tant pour la *Province* que pour *Paris*;

Nous avons, autant que possible, remplacé les termes techniques, qui ne sont intelligibles que pour les initiés, par des expressions intelligibles pour tous.

Nous avons soigné d'une façon toute particulière la table des matières, pour que le public le plus ignorant des choses du droit puisse trouver sans difficulté les renseignements qu'il cherche.

Qu'il soit toutefois bien entendu que nous n'avons pas plus la prétention de suppléer dans les questions graves au conseil sérieux et désintéressé d'un homme de loi, que le livre d'hygiène n'a celle d'éviter la consultation du médecin dans les cas difficiles.

Notre but c'est d'offrir au public une série de brochures de droit pratique, à la portée de toutes les intelligences par leur simplicité et leur clarté, et à portée de toutes les bourses par la modicité de leur prix.

P. S.

DROITS
ET DEVOIRS RESPECTIFS

PROPRIÉTAIRE, LOCATAIRE ET CONCIERGE

DU LOUAGE EN GÉNÉRAL

Il y a deux sortes de contrats de louage : celui des choses et celui d'ouvrages (art. 1708, C. civ.).

Le louage des choses est un contrat par lequel l'une des parties s'oblige à faire jouir l'autre d'une chose pendant un certain temps et moyennant un certain prix (art. 1709, C. civ.).

Le louage des choses se subdivise en plusieurs espèces particulières :

1º Le louage des meubles et des maisons, qu'on désigne généralement sous le nom de *bail à loyer;*

2º Le louage des immeubles ruraux, ou *bail à ferme;*

3º Le louage des animaux, dont le profit se partage entre le propriétaire et celui à qui il les confie ; c'est le *bail à cheptel.*

C'est de la première subdivision, du *Bail à loyer* que nous nous occuperons plus spécialement dans cette brochure.

BAIL A LOYER

On appelle *propriétaire* ou *bailleur* celui qui procure à l'autre la jouissance de la chose louée ;

On appelle *preneur* ou *locataire*, celui qui paye le prix convenu.

On peut louer une maison, un immeuble quelconque, soit *verbalement* soit *par écrit*.

On appelle *location verbale*, le bail fait *sans écrit*.

Il ne faut pas confondre la location verbale, ou bail fait SANS écrit, avec ce qu'on appelle « *Bail* NON *écrit* ».

On appelle « *Bail non écrit* » celui dont la durée n'est pas fixée, qui ne doit pas prendre fin à telle époque déterminée.

Ce bail peut être ou non consigné sur le papier, il n'en est pas moins le « Bail non écrit. » (Ex. : Je vous loue tel appartement à raison de 300 fr. par an.)

Le « *Bail écrit* », au contraire, est celui qui a été fait pour un temps bien déterminé, qu'il soit verbal ou qu'il soit transcrit sur le papier. (Ex. Je vous loue pour deux ans tel appartement.)

Cette distinction entre le « bail écrit » et le « bail non écrit » est très importante à connaître, surtout au moment de donner congé.

DES DIFFÉRENTES ESPÈCES DE BAUX
ET DE LEURS FORMES

BAIL VERBAL. — C'est un genre de bail peu pratique et qui entraîne à sa suite un grand nombre d'inconvénients.

D'abord c'est une source intarissable de difficultés entre le propriétaire et le locataire, au sujet de ces rapports journaliers qui ont besoin d'être réglés d'une façon précise.

De plus, ce bail ne se manifeste que par la remise des clefs et l'occupation des lieux par le preneur, et la preuve de son existence est souvent très difficile à faire ; car si le bail fait sans écrit (c'est la location verbale) n'a reçu aucune exécution, et que l'une des parties nie son existence, la preuve ne peut pas être reçue par témoins, quelque modique que soit le prix du loyer et quoiqu'on allègue qu'il y a des arrhes données.

Le serment peut seulement être déféré à celui qui nie l'existence du bail.

Mais supposons que le bail verbal ait reçu un commencement d'exécution, et qu'une contestation vienne à s'élever au sujet du prix du loyer, alors que le locataire n'aura pas encore de quittance : qu'arrivera-t-il ?

Le propriétaire sera cru sur son serment, à moins toutefois que le locataire ne préfère demander l'estimation par expert.

Mais, dans ce cas, le locataire court le risque

d'avoir à sa charge les frais de l'expertise si l'estimation dépasse le prix qu'il a déclaré. Nous conseillons donc pour éviter toute difficulté, de signer l'acte de location dont nous donnons ci-dessous le modèle.

Acte de location.

(Qu'il est utile de signer en cas de location verbale.)

Entre les soussignés, il a été convenu ce qui suit :

M. ________, propriétaire, demeurant à ________, donne à loyer à M. ________, demeurant à ________ ; l'appartement au ____ étage de la maison sise à ________. rue ________ nº ____ ; appartement composé de ________,

L'entrée en jouissance est fixée au ________ 189 ,

Le prix annuel de la location sera de ________ francs, payable par trimestre.

Fait double à ________ le ________ 189 .

(Signature du propriétaire.)　　*(Signature du locataire.)*

BAIL ÉCRIT. — Le bail écrit n'est soumis à aucune forme particulière.

Les parties peuvent y introduire toutes sortes de conditions pourvu qu'elles soient licites ; et elles peuvent à leur gré étendre ou resteindre les droits et les obligations de chacune d'elles.

Le bail écrit peut être soit *authentique* soit *sous seing privé.*

Bail authentique. — C'est le bail fait par-devant notaire.

C'est le seul bail écrit que puissent faire des parties dont l'une au moins ne sait pas écrire.

Il offre cet avantage d'abord, que la minute reste chez

le notaire, et qu'on peut toujours en avoir une copie.

Et puis enfin, jusqu'à inscription de faux, il fait pleine foi devant les tribunaux qui *doivent* en ordonner l'exécution provisoire sous caution.

Bail sous seing privé. — C'est un bail passé entre les parties, sans l'intervention d'un officier public.

C'EST LE GENRE DE BAIL LE PLUS USITÉ.

Il a presque la même valeur qu'un bail authentique, lorsqu'il a été enregistré, à cette différence près que si un bail authentique est revêtu de ce qu'on appelle la formule exécutoire, il permet à son détenteur de saisir et faire vendre.

Avec le bail sous seing privé, on ne peut qu'expulser, en vertu de la clause résolutoire, qu'on y introduit généralement et saisir-gager, ou séquestrer.

Les baux doivent être faits sur papier timbré. (*Il est défendu d'écrire sur le timbre sous peine d'une amende de cinq francs.*)

Tous les *renvois* qui sont écrits sur la marge d'un sous seing doivent être paraphés par les deux parties.

Si une personne, munie d'une procuration, assiste pour l'une des parties à la confection du bail et le signe pour elle, il faut qu'il en soit fait mention dans le corps de l'acte, qui doit porter aussi la mention d'enregistrement de ladite procuration.

Il est utile, pour éviter les confusions, d'écrire *en toutes lettres* les dates et les sommes énoncées dans l'acte.

Il est utile aussi de faire précéder la signature de

celle des parties qui n'a pas écrit l'acte de sa propre main, de la mention : « Lu et approuvé l'écriture ».

Enfin, il est *absolument indispensable* de porter sur chaque original la mention : « Fait double, fait triple, etc... », selon le nombre des originaux qui en ont été faits.

Le bail doit porter bien exactement :

1° Les nom, prénoms, profession et qualité tant du bailleur que du preneur ;

2° La désignation très complète des lieux loués ;

3° L'époque de l'entrée en jouissance :

4° L'époque de l'expiration du bail ;

5° Le prix du loyer ;

6° Les termes du payement.

Le bail sous seing privé doit être *enregistré dans les trois mois* de sa date.

Passé ce délai celui à qui incombe l'enregistrement est condamné à payer au double le droit ordinaire.

Un bail peut être fait sous la forme d'une lettre missive, que l'on fera enregistrer pour timbre. Coût 0fr.60.

Nous donnons ci-dessous un modèle de bail sous seing privé qui contient les clauses le plus généralement consignées dans les baux.

Bail soit d'une maison, soit d'une boutique, soit d'un appartement.

Entre les soussignés :

M. __________, propriétaire, demeurant à __________
d'une part;

Et M. __________, demeurant à __________ d'autre part ;

Il a été convenu et arrêté ce qui suit :

M. ....,propriétaire d'une maison sise à ....
rue .... nº ....
Donne à loyer pour .... années consécutives à dater du
.... 189. jusqu'au .... 189, à M. ....
qui accepte :

Une maison sise à .... rue .... *(ou
bien une boutique, ou bien un appartement au .... étage d'une
maison sise à ....)* et portant le nº· ....

(Faire une description aussi complète que possible des lieux loués.)

Le présent bail est consenti aux conditions suivantes :
M. .... *(le locataire)* s'oblige à :

1º Garnir les lieux loués de meubles et objets suffisants pour
répondre du prix des loyers ;
2º Entretenir les lieux loués de toutes réparations locatives et
de les rendre, à la fin du présent bail, conformément à l'état des
lieux qui en sera fait double entre les parties ;
3º A payer exactement les contributions personnelle, mobi-
lière, et des portes et fenêtres ;
4º A ne modifier en rien les lieux loués ;
5º A ne céder son bail, ni sous-louer tout ou partie sans le
consentement exprès et par écrit du propriétaire ;
6º A souffrir les grosses réparations qu'il sera nécessaire de
faire, sans pouvoir prétendre pour cela à une diminution de
loyer, ni à aucuns dommages-intérêts, pourvu que ces réparations
ne durent pas plus de .... *(ou quelle que soit la durée desdites réparations).*

Le présent bail est fait moyennant un loyer annuel de...............
que M. .... *(locataire)* s'oblige à payer à M. ....
(propriétaire) en quatre payements égaux les 1er janvier, avril,
juillet et octobre de chaque année, pour le premier payement
être effectué le .... 189 .... ·

A défaut de payement d'un seul terme et huit jours après un
simple commandement demeuré sans effet, le présent bail sera
résilié de plein droit, sans préjudice de tous dépens, dommages
et intérêts.
S'il s'agit d'un bail de boutique, comme il est d'usage de payer

trois ou six mois de loyer d'avance on introduira la clause
suivante :

« Et M .... (*locataire*) a payé de suite à M. ....
« (*le propriétaire*) qui le reconnaît, la somme de ....
« pour trois (*ou six*) mois desdits loyers, laquelle somme im-
« putable sur les trois (*ou six*) derniers mois de jouissance du
« présent bail, dont quittance. »

De son côté, M. .... (*le propriétaire*) s'engage à tenir
M. .... (*le locataire*) clos et couvert selon la loi et les
usages.

Fait double à .... le .... 189.........

**Conditions essentielles pour qu'un bail soit
valable.** — Il faut trois éléments essentiels :
1° *Le consentement des contractants ;*
2° *Une chose louée ;*
3° *Un prix convenu pour la jouissance de cette chose.*

Des personnes qui peuvent louer. — Sont
capables de contracter et par conséquent de passer
et de résilier un bail, de donner congé, etc., toutes
personnes majeures, à l'exception des interdits et des
femmes mariées sous le régime de la communauté.

Il y a cependant certaines personnes dont la capacité
est limitée.

Ainsi ne peuvent louer que pour un maximum de
neuf années :

1° Le mineur émancipé sans l'assistance de son
curateur (art. 481, C. civ.) ;

2° La personne placée sous l'assistance d'un conseil judiciaire (art. 513, C. civ.) ;

3° La femme mariée sous le régime de la séparation de biens (art. 1536, C. civ.) ;

4° La femme mariée sous le régime dotal et qui a des biens paraphernaux. (*On appelle biens* PARAPHER-NAUX *ceux qui n'ont pas été constitués en dot, et dont la femme a l'administration et la jouissance.*)

5° La femme séparée judiciarement de corps et de biens ou de biens seulement (art. 1449, C. civ.).

Le mari qui consent à ce que sa femme n'habite pas avec lui l'autorise implicitement à louer un appartement pour son usage personnel ; mais la durée du bail ne doit pas être de plus d'une année ; et le prix de la location ne doit pas être en disproportion avec ses ressources.

Le mari peut seul donner à bail les biens de sa femme, mais la durée du bail ne doit pas excéder neuf années.

Fait pour un temps plus long, le bail pourrait être réduit, et cependant, dans le cas de dissolution de la communauté, la femme ou ses ayants droit pourraient maintenir les conditions de durée du bail, et même les imposer au preneur.

Si la femme fait cesser le bail consenti par son mari, celui-ci ne doit aucune indemnité s'il a donné connaissance à son cocontractant de la qualité en laquelle il agissait.

Mais si le mari a laissé ignorer qu'il agissait comme administrateur des biens de sa femme, il doit une indemnité à celui qui a contracté avec lui.

Les baux consentis par le tuteur sont obligatoires pour le mineur après sa majorité ; lors même qu'ils auraient été passés à vil prix ; — à moins qu'on ne prouve un accord frauduleux entre le tuteur et celui avec lequel il a contracté.

Des choses qu'on peut louer. — On peut louer tous les biens *meubles* ou *immeubles*, qui sont dans le commerce.

On ne peut pas louer les choses qui sont destinées à des usages publics.

On ne peut pas louer les choses qui se consomment par l'usage.

Deux locataires pour une même chose. — Si le bail d'une même chose a été consenti successivement à deux personnes, c'est celle qui sera entrée la première en jouissance qui sera considérée comme locataire ; l'autre n'aura qu'une action en dommages-intérêts contre son bailleur.

Du prix du bail. — Le prix d'un bail à loyer, c'est l'estimation de la jouissance temporaire que le bailleur procure au preneur.

Le prix est généralement payable en argent ; mais rien n'empêche les parties de choisir un autre mode de payement.

Le prix doit être *sérieux*, c'est-à-dire qu'il faut que, lorsqu'elles l'ont fixé, les parties aient eu l'intention, l'une de l'exiger, et l'autre de le payer.

Quelle que soit cependant la vileté du prix dan le contrat de louage, il n'y a pas lieu, comme dans le contrat de vente, à rescision pour cause de lésion.

Durée du bail. — La durée du bail dépend toujours de la volonté des parties.

Il n'y a d'exception que celles que nous avons signalées plus haut en parlant de la capacité des femmes mariées, des mineurs et des interdits.

Le bail peut être fait pour toute la vie du preneur et même pour la vie de plusieurs personnes dont toutefois le nombre ne dépasserait pas trois.

On peut faire dépendre la durée d'un bail tout à la fois de la volonté du propriétaire et du locataire, ou de l'un d'eux seulement. C'est ce qui arrive pour les baux faits pour trois, six, ou neuf années.

On peut même stipuler qu'un bail durera jusqu'à l'arrivée d'un événement incertain.

Lorsque les parties n'ont pas déterminé la durée du bail, elle se règle d'après l'usage des lieux.

Transcription. — Un bail consenti pour dix-huit années et au-dessus doit, d'après la loi du 23 mars 1855, être transcrit au bureau des hypothèques.

De l'entrée en jouissance. — L'époque des emménagements varie avec chaque pays.

A Paris les emménagements se font aux mois de janvier, avril, juillet et octobre.

L'usage a consacré la date du 8 pour les locations de 400 francs et au-dessous, et la date du 15 pour les locations supérieures à ce prix.

Ainsi le bail porte le plus souvent la date du 1er, mais le locataire n'entre en jouissance que le 8 ou le 15, suivant le prix de son loyer ; et cependant il n'en éprouve aucun préjudice, car il retrouve à la fin de son bail les huit ou quinze jours qu'il a perdus au début.

Il est bon toutefois de remarquer que les parties pourront fixer tel jour qu'il leur plaira pour l'entrée en jouissance.

Le *bailleur est obligé*, sans même qu'il soit besoin de le stipuler :

1° De délivrer au preneur la chose louée ;

2° D'entretenir cette chose en état de servir à l'usage pour lequel elle a été louée ;

3° D'en faire jouir paisiblement le preneur pendant la durée de son bail.

Si la chose louée est un appartement, une maison ou une boutique, le bailleur doit remettre les clefs à à son locataire.

Le *preneur* ne peut pas se refuser d'entrer dans les lieux loués, ni de les garnir de meubles suffisants pour répondre du prix de la location.

Donc, au moment même de l'entrée en jouissance, il peut se produire des contestations entre le propriétaire et le locataire :

1° *C'est d'abord le propriétaire qui, dans le délai convenu par le bail, ou bien au terme déterminé par l'usage ne met pas son locataire en possession des lieux qu'il lui a loués.*

Dans ce cas le locataire peut à son choix, soit demander la résiliation du bail avec dommages-intérêts soit sommer le bailleur de lui délivrer les lieux loués.

La demande en résiliation avec dommages-in-

térêts se fait devant les tribunaux compétents.
La sommation se fait par ministère d'huissier.

Coût de la sommation faite par le locataire à un propriétaire qui s'y refuse, d'avoir à lui délivrer les lieux loués.

	Pour Paris.	Pour les départements.
Original	2 fr. 00	1 fr. 50
Copie	» 50	» 40
Enregistrement	3 75	3 75
Timbre	1 20	1 20
	7 fr. 45	6 fr. 85

Dans ce prix n'est pas compris le coût de la copie de pièces, ni celui du déplacement s'il y a lieu.

2° *C'est ensuite le locataire qui refuse de prendre possession des lieux qui lui sont loués, ou bien de les garnir de meubles suffisants pour répondre du prix du loyer.*

Dans ce cas, le propriétaire peut, à son gré, soit sommer son locataire de le faire, soit demander la résiliation de son bail avec des dommages-intérêts,

3° *Enfin il peut arriver qu'au moment d'emménager le locataire trouve la place occupée.*

Si le locataire a un bail en bonne forme, il doit :

1° Faire constater le cas par un huissier (coût du procès-verbal de constat de 10 à 12 fr.).

2° Faire signifier le constat au propriétaire ;

3° Faire joindre à cette signification une assignation en référé, avec demande de dommages-intérêts.

(La signification et l'assignation coûtent au maximum 8 francs. — L'enregistrement de l'ordonnance de référé coûtera 5 fr. 63.)

Arrhes et denier à Dieu. — Les arrhes ou pot-de-vin font partie du prix du bail, et sont en cas de résiliation réparties sur chaque année de jouissance.

Les arrhes doivent être restituées en cas de résiliation, que cette résiliation ait lieu pour une cause prévue par les parties, ou qu'elle soit prononcée par les tribunaux.

Qu'on se garde de confondre les *arrhes* avec le *denier à Dieu.*

Le denier à Dieu est une sorte de gratification donnée au concierge ; et il ne peut être repris par celui qui l'a donné qu'après convention formelle entre les intéressés.

État des lieux. — On appelle état des lieux un acte, passé entre le propriétaire et le locataire, et qui contient la description exacte et aussi minutieuse que possible des lieux loués au moment de l'entrée en jouissance du locataire.

Cet acte se fait généralement sous seing privé, par le propriétaire et le locataire qui le signent.

Il peut être fait devant notaire ; il doit l'être même si l'un des contractants ne sait pas signer.

Les parties peuvent aussi le faire dresser par un architecte.

On admet généralement qu'à moins de convention

contraire, les frais d'état de lieux sont supportés par moitié par le propriétaire et le locataire.

Et cela s'explique d'autant mieux que le propriétaire a le même intérêt que son locataire à faire dresser cet état.

Le propriétaire a intérêt à faire dresser un état des lieux. — C'est en effet pour lui le seul moyen de se protéger contre la mauvaise foi de son locataire qui pourrait changer des objets de valeur contre d'autres objets de même nature mais sans valeur aucune.

C'est aussi le moyen, en cas d'incendie causé par la faute du locataire, de savoir quels objets ont été détruits et la part d'indemnité qui doit lui revenir à lui propriétaire.

Le locataire aussi a intérêt à faire dresser un état des lieux. — S'il a été dressé un état des lieux, dit l'article 1730 du Code civil, le preneur doit rendre la chose telle qu'il reçue, suivant cet état, excepté ce qui a péri ou a été dégradé par vétusté ou force majeure.

Et l'article 1731 ajoute : « Si l'état des lieux n'a pas été fait, le preneur est présumé les avoir reçus en bon état de réparations locatives et devra les rendre tels, sauf la preuve contraire.

Ainsi le preneur est présumé avoir reçu les lieux en bon état ; s'il n'a pas fait d'état de lieux, il devra donc les rendre en bon état.

Si donc le précédent locataire a laissé des dégradations, c'est le preneur qui aura négligé de dresser un état des lieux qui sera tenu de les payer.

Supposons aussi que le preneur qui n'a pas dressé

d'état de lieux fasse des réparations pour améliorer la propriété, pour l'embellir, qu'il fasse sceller dans le mur différents objets de valeur ; le bailleur, à l'expiration du bail, peut contester les réparations et s'opposer à l'enlèvement des objets scellés.

Conclusion. — Il y a, aussi bien pour le propriétaire que pour le locataire, intérêt à dresser un état des lieux.

Pour éviter toute surprise, nous croyons devoir conseiller aux intéressés qui voudraient faire dresser un état de lieux par un architecte, de convenir à l'avance du prix des honoraires.

Voici du reste, à titre de renseignement, ce qui est dû, d'après le tarif arrêté par la Société centrale des architectes de France (2 juillet 1850) :

« Le prix d'un état de lieux régulièrement établi dans
« les circonstances ordinaires et sans déplacement doit
« être payé pour chaque rôle (*deux pages*) de 25 lignes
« à la page et compris les deux expéditions........... 3 fr. 50
Chaque expédition en sus.......................   »   50
Pour déplacement il est dû au delà de 2 myriamètres
(*20 kil.*), *et par myriamètre :*
A Paris et dans le département de la Seine........ 6   »
Dans les départements............................. 4   50

DEVOIRS ET DROITS

DES

PROPRIÉTAIRES ET DES LOCATAIRES

La loi civile a pris soin de déterminer d'une façon très précise les droits et les devoirs respectifs des propriétaires et des locataires. Et si les contractants n'ont pas usé du droit qu'ils avaient d'introduire dans leur contrat de bail des conventions particulières qui viennent modifier les dispositions du Code civil, ils restent sous l'empire du droit commun. Nous allons donc voir quels sont, d'après la loi civile, les droits et les devoirs respectifs des propriétaires et des locataires.

DEVOIRS ET DROITS DU PROPRIÉTAIRE.

Le propriétaire doit faire jouir (et non pas laisser jouir) son locataire de la chose louée ;

Il doit délivrer la chose louée en bon état de réparations locatives ;

Il doit l'entretenir ;

Il doit faire, pendant la durée du bail, toutes les réparations qui peuvent devenir nécessaires, autres que les réparations locatives.

Entretien de la chose louée. — Le propriétaire doit tenir son locataire clos et couvert.

Il *doit* les réparations nécessaires aux murs, planchers, portes, fenêtres, et aux cheminées qui fument.

Il *doit* faire gratter et repeindre ou badigeonner la façade de sa maison tous les dix ans au moins (Décret du 26 mars 1852).

Il *doit* à son locataire réparation du dommage qui serait résulté pour celui-ci d'un vice caché.

Le bailleur ne peut pendant la durée du bail changer la forme de la chose louée.

Ex. : Le bailleur a donné à bail un appartement ayant vue sur un jardin ; s'il élève une construction qui obstrue cette vue, le preneur peut s'opposer à cette construction, ou résilier avec bénéfice de dommages-intérêts.

Est nulle la clause portant que le preneur a renoncé à former pendant tout le cours de son bail aucune action en dommages-intérêts contre son bailleur à lui intenter aucune action devant les cours et tribunaux.

Est valable la clause par laquelle le bailleur s'exonère de la charge des réparations d'entretien, et même les impose au preneur.

Est valable la clause par laquelle le bailleur stipule qu'il ne défendra pas le preneur contre telle action déterminée, et qu'en cas d'éviction, il ne sera tenu à aucune indemnité pour non-jouissance.

Réparations urgentes. — Sont à la charge du locataire les grosses réparations devenues nécessaires par son fait (Ex. : la déviation d'une devanture causée par le poids d'une banne, Code civil, art. 1732).

Si, durant le bail, la chose louée a besoin de réparations urgentes et qui ne puissent être différées jusqu'à sa fin, le preneur doit les souffrir, quelque incommodité qu'elles lui causent et quoiqu'il soit privé, pendant qu'elles se font, d'une partie de la chose louée.

Mais si ces réparations durent plus de quarante jours, le prix du bail sera diminué à proportion du temps et de la partie de la chose louée dont il aura été privé.

Si les réparations sont de telle nature qu'elles rendent inhabitable ce qui est nécessaire au logement du preneur et de sa famille, celui-ci pourra résilier le bail (art. 1724 Code civil).

Si les réparations ne sont pas urgentes, si elles peuvent sans danger être différées jusqu'à la fin du bail, le preneur qui a le droit de les exiger n'est pas obligé de les subir.

Cette urgence est un fait abandonné à l'appréciation des tribunaux.

Le propriétaire, dans son intérêt, doit toujours faire constater l'urgence des travaux et faire notifier le constat.

Force majeure ou cas fortuit. — Par *cas for-tuit* ou *force majeure*, on entend ce qui arrive par hasard et qu'on ne peut empêcher.

Si *par cas fortuit*, la chose louée est détruite *en totalité*, le bail est résilié de plein droit.

Mais si elle n'est détruite *qu'en partie*, le locataire ne peut demander, qu'une diminution de loyer ou même la résiliation du bail.

Dans l'un comme dans l'autre cas, il n'a droit à aucun dédommagement.

La *force majeure* qui donne au locataire le droit de demander la résilation du bail, ou une diminution de prix, s'entend de tout événement qui a placé la jouissance du locataire dans une situation équivalente à celle qu'aurait produite la destruction totale ou par-tielle de cette chose. (Ex. : un directeur de théâtre, dans une ville assiégée, est forcé par ordre du gou-vernement de suspendre ses représentations.)

Trouble dans la jouissance. — Le propriétaire doit assurer à son locataire la *jouissance paisible* de la chose louée.

Toutes les fois qu'il y a trouble dans la jouissance, le propriétaire doit au locataire une indemnité.

Quand il est troublé dans sa jouissance, le locataire doit avant tout faire *constater* le fait par un huissier, et faire notifier le constat à son pro-priétaire.

Mais le locataire troublé dans sa jouissance, ne sera pas fondé à réclamer une indemnité, s'il accepte un autre logement ou une autre boutique, pour remplacer celui ou celle qui lui est louée, pendant le temps que dure la cause du trouble.

Malgré l'existence d'un état de lieux, s'il survient à la chose louée de fortes dégradations, le locataire pourra contraindre le propriétaire à les réparer, puisqu'elles le troublent dans sa jouissance.

Le propriétaire trouble la jouissance de son locataire:

En l'empêchant de recevoir chez lui qui bon lui semble;

En exigeant qu'il soit rentré à minuit;

En l'empêchant d'avoir chez lui des chiens, des chats ou des oiseaux;

En n'éclairant pas les escaliers jusqu'à minuit (Voyez *infra*, renseignements utiles, page 57);

En interdisant l'usage des poêles dans l'appartement;

En l'empêchant de prendre des bains chez lui;

En l'empêchant de déposer son bois ou de le scier dans la cour;

En obstruant l'entrée (allée ou passage) de la maison par la location qu'il en aurait consentie;

En s'opposant à l'ouverture des deux vantaux d'une porte cochère;

En consentant un bail, dans une *maison occupée bourgeoisement*, à une industrie bruyante;

En laissant installer, dans la cour d'une maison tranquille, un bal ou un café-concert.

Le propriétaire vient aussi troubler la jouissance de son locataire quand, dans le même immeuble, il donne à bail à deux personnes qui exercent des professions similaires.

Ce principe a cependant été plusieurs fois contesté, si bien qu'il est plus prudent pour le commerçant de stipuler, dans son bail, que le bailleur ne pourra louer dans le même immeuble à aucun autre locataire dont le commerce puisse avoir la moindre similitude avec celui qu'il exerce.

Il a été jugé, cependant, qu'un propriétaire qui a dans son immeuble un cabinet de lecture ne peut autoriser un marchand de journaux à séjourner sous la porte de cet immeuble.

La location à une sage-femme n'est pas un trouble à la jouissance d'un médecin ; mais c'en est un à la paisible jouissance des autres locataires, si elle reçoit des pensionnaires.

La jouissance du locataire s'étend non seulement à ce qui fait l'objet direct du bail, mais aussi à ce qui en est une dépendance nécessaire.

Ainsi le propriétaire, à moins de conventions contraires, ne peut pas s'opposer à ce que son locataire, commerçant ou non, appose sur des parties de la maison dont l'usage est commun à tous les locataires, des placards ou des enseignes, indiquant au public que c'est là qu'il exerce sa profession ou son commerce; pourvu toutefois que ces indications ne troublent pas les autres locataires dans leur jouissance

Le locataire évincé pour cause d'utilité publique a droit à une indemnité de son propriétaire, — quelle que soit la forme de son bail, — pourvu toutefois qu'il se soit fait connaître en sa qualité de locataire, avant la déclaration d'utilité publique.

S'il s'agit d'une maison, d'un appartement ou d'une boutique, le propriétaire paye à son locataire, à titre d'indemnité, une somme égale au prix du loyer pendant le temps qui, suivant l'usage des lieux est accordé entre le congé et la sortie.

S'il s'agit de manufactures, usines ou autres établissements qui exigent de grandes avances, l'indemnité se réglera par experts.

En cas d'expropriation pour cause d'utilité publique et malgré la renonciation formelle du locataire à toute indemnité du propriétaire, celui-ci (le propriétaire) n'en a pas moins droit à une indemnité de celui qui exproprie.

Dans ce cas le propriétaire doit à son locataire le remboursement des termes payés d'avance.

Le propriétaire ne doit rien au locataire pour le trouble causé par l'étayement de la maison pour cause d'utilité publique.

Ce sont des tiers qui apportent du trouble à la jouissance du locataire :

1° Ce trouble est apporté par voies de fait, c'est-à-dire par la violence, par le brigandage, etc...

Dans ce cas, le propriétaire n'encourt pas la moindre responsabilité. Il n'a pas à intervenir, et si le locataire veut poursuivre les tiers qui lui ont apporté le trouble, il doit le faire en son nom personnel.

2° Le trouble est apporté par une action concernant la propriété du fonds.

Le locataire a droit à une diminution proportionnée au prix du bail, pourvu toutefois qu'il ait dénoncé le trouble à son propriétaire.

Cette dénonciation *doit* être faite dans le délai de huitaine.

DEVOIRS ET DROITS DU LOCATAIRE.

Le locataire *doit* :

1° User de la chose louée en bon père de famille ;

2° Suivre la destination qui a été donnée à la chose louée ;

3° Payer le prix du bail aux termes convenus ;

4° Garnir les lieux loués de meubles suffisants.

Le locataire doit user de la chose louée en bon père de famille. — En bon père de famille, c'est-à-dire comme un père de famille bon et soigneux, jaloux de ses intérêts propres et de ceux de ses enfants, userait de cette chose si elle lui appartenait.

Le locataire doit suivre la destination qui a été donnée à la chose louée, ou, à défaut de convention spéciale, celle qui pourra être présumée.

En entrant en jouissance vous exercez une profession ; au cours de votre bail, vous quittez cette profession pour en exercer une autre ; dans ce cas le propriétaire peut demander la résiliation de votre bail.

Un locataire qui loue pour habiter et qui sous-loue à un cercle littéraire change la destination des lieux loués.

Un locataire, ou même un principal locataire, qui sous-loue à des femmes de mauvaise vie peut voir son bail résilié, et peut même se voir expulsé dans les vingt-quatre heures.

Un locataire peut cependant faire quelques changements dans les lieux qu'il occupe. — Il peut enlever une cloison, déplacer des glaces, etc., à la condition toutefois qu'à l'expiration de son bail il remettra les lieux dans l'état où il les a pris.

Il est cependant toujours prudent pour le locataire de s'entendre avec le propriétaire sur les changements qu'il a l'intention de faire, et de lui demander son autorisation par écrit, sous forme de lettre par exemple.

Le locataire ne peut, sans l'autorisation de son propriétaire, établir dans un sous-sol un calorifère pour chauffer sa boutique ou ses appartements.

Si le propriétaire ne voulait pas consentir à quelques modifications qui ne seraient pour lui la cause d'aucun préjudice, le locataire devrait, pour les obtenir, s'adresser aux tribunaux compétents.

Le locataire doit payer le prix de son loyer aux termes convenus. — A moins de conventions écrites, le payement se fait aux époques fixées par l'usage des lieux;

A défaut d'usage des lieux, les loyers s'acquittent annuellement;

Le payement doit être fait à l'endroit désigné par le bail;

A défaut de bail, ou de stipulation, le payement doit être effectué au domicile du locataire.

Entre les mains de qui doit-on payer le prix du loyer?

Le locataire doit payer :

Soit à la personne qui a signé le bail;

Soit à une personne ayant pouvoir de celle qui a signé le bail;

Soit enfin à une personne autorisée par la loi ou par jugement à recevoir pour celle qui a signé le bail.

Le payement fait à celui qui n'aurait pas pouvoir de recevoir pour le propriétaire est valable si celui-ci le ratifie ou s'il en a profité.

Lorsque le propriétaire est décédé. — Le payement doit être fait à ses héritiers;

S'il n'a par d'héritiers connus, c'est-à-dire si la sucession est vacante, le payement se fera entre les mains du curateur.

Si la propriété est vendue. — On ne devra payer au nouvel acquéreur qu'autant qu'il aura fait signifier par huissier son contrat de propriété.

On peut payer entre les mains d'un huissier *porteur de pièces;* dans ce cas la quittance de l'huissier vaut celle du propriétaire.

Le payement ne doit pas se faire entre les mains
d'une femme mariée en puissance de mari ; à moins
toutefois qu'elle ne soit autorisée par lui à être com-
merçante et que la location dont on doit le prix
dépende de son commerce.

Le locataire ne peut pas contraindre son propriétaire à ne recevoir qu'une partie de ses loyers;

Il ne peut pas plus l'obliger à recevoir en payement
des meubles ou autres objets mobiliers.

Si le propriétaire accepte en payement des *billets*
souscrits par son locataire, il devra le mentionner
sur sa quittance et dire que la libération n'aura lieu
que si les billets sont acquittés à leur échéance.

Opposition sur loyers. — Si un tiers, se disant
créancier du propriétaire, forme opposition entre les
mains du locataire, celui-ci ne devra payer ses loyers
entre les mains de son propriétaire qu'autant que ce
dernier justifiera de la mainlevée de l'opposition.

Offres réelles. — Si le locataire est pressé de
déménager, et si le propriétaire ne peut ou ne veut
pas recevoir le prix des loyers qui lui sont dus, le
locataire doit faire par huissier des offres réelles ;

Si le propriétaire repousse ces offres, le locataire
devra déposer, avec affectation spéciale, la somme
offerte à la Caisse des dépôts et consignations s'il
est à Paris, et aux caisses publiques qui la rempla-
cent s'il est en province. — Les intérêts de 3 p. 100
courent à partir du 61e jour du dépôt.

Si les offres sont reconnues valables par le tribunal, les frais de dépôt incombent au propriétaire.

Si, au contraire, les offres sont trouvées insuffisantes, c'est le locataire qui payera les frais.

Il est utile de remarquer que tant que le jugement n'est pas passé en force de chose jugée, c'est-à-dire tant qu'on n'a pas épuisé tous les moyens d'appel ou de cassation, en un mot tant que le jugement ne sera pas définitif, le locataire a le droit de retirer son dépôt.

Quittances de loyer. — La quittance d'un terme n'est pas la preuve qu'on a payé les termes antérieurs ; c'est seulement une présomption, un commencement de preuve par écrit qui permet au locataire de justifier du payement par tous moyens.

Un locataire créancier de son propriétaire ne peut lui retenir le prix de son loyer, pour se payer de la somme qui lui est due.

Quittance de loyer.

Année 18 .

Loyer par terme.	Je reconnais avoir reçu de M. .... la somme de ...., pour le terme échu le .... mil huit cent quatre-vingt .... de l'appartement qu'il occupe dans ma maison sise à ...., rue ...., n° ....
Portes et fenêtres.	
Eau..........	
Tapis	
Total ..	Dont quittance sous réserve de tous droits. A ...., le .... 189 .
	(Signature du propriétaire.)

CLAUSE RÉSOLUTOIRE. — On introduit souvent dans un bail la clause suivante : « A défaut de payement d'un seul terme et après un simple commandement demeuré sans effet, le bail sera résilié de plein droit, les meubles seront saisis et l'expulsion ordonnée. »

Cette clause est parfaitement valable, et dans ce cas le tribunal n'a pas même le droit d'accorder un délai (Cass., 2 juillet 1860).

Mais l'expulsion ne peut être ordonnée que par le juge des référés.

Causes de résiliation du bail.— Le propriétaire et le locataire peuvent demander la résiliation du bail, toutes les fois que l'un d'eux n'a pas rempli envers l'autre les engagements qu'il avait pris.

Celui qui est lésé peut réclamer à l'autre une indemnité à titre de dommages-intérêts.

Si la résiliation a lieu par la faute du locataire, l'article 1760 dit qu'il devra payer à son bailleur le prix du bail pendant le temps nécessaire à la relocation, sans préjudice des dommages-intérêts qui auront pu résulter de l'abus.

Mais, dans la pratique, on fait payer au locataire le terme courant et celui qui le suit, sans attendre la relocation effective (Cass., 1er juillet 1851).

Le propriétaire peut demander la résiliation du bail dans les cas suivants :

Lorsque le locataire ne paye pas aux époques déterminées ;

Lorsqu'il contrevient à la clause lui interdisant de sous-louer ou de céder son bail, si elle a été insérée dans le contrat ;

Lorsqu'il ne garnit pas les lieux loués de meubles suffisants ;

Lorsqu'il ne jouit pas des lieux en bon père de famille ;

Lorsqu'il ne suit pas la destination qui a été donnée aux lieux loués ;

Lorsqu'il n'observe pas les clauses particulières insérées au bail ;

Lorsqu'il est en état de faillite ou de déconfiture et qu'il n'offre pas une caution suffisante.

Le locataire peut demander la résiliation :

Si le propriétaire ne lui délivre pas les lieux loués ;

S'il n'entretient pas les lieux loués en état de servir à l'usage auquel ils sont destinés ;

Si par quelque vice caché les lieux ne peuvent servir à l'usage pour lequel ils sont loués ;

Si les réparations urgentes que le propriétaire fait aux lieux loués rendent inhabitable ce qui est nécessaire au logement du locataire et de sa famille ;

Si la maison menace ruine ;

Si le concierge a injurié le locataire, et que le propriétaire, prévenu, ne l'ait pas renvoyé.

CONGÉ.

Le congé est un acte par lequel le propriétaire ou le locataire manifeste à l'autre l'intention qu'il a de rompre le contrat de bail qui l'unit à lui.

Le congé n'est soumis à aucune forme spéciale ;

Il peut être donné :

Par-devant notaire ;

Par exploit d'huissier ;

Par acte sous seing privé ;

Par lettre ;

Par mention au bas d'une quittance de loyer.

Le congé donné soit par-devant notaire, soit par exploit d'huissier, soit sous seing privé, a la valeur d'un véritable contrat, que chacune des parties a le devoir d'exécuter.

Le congé par lettre, ou par mention au bas d'une quittance, s'appelle *congé verbal*, et il a besoin d'être accepté formellement par celle des deux parties qui le reçoit.

Si le congé a été donné par lettre, et que celle des parties qui l'a reçu garde le silence, l'autre peut se désister.

Si la partie, à laquelle le congé a été donné par lettre, refuse par écrit de l'accepter, et qu'il soit trop tard pour que l'autre partie puisse recourir à la signification, il faut qu'elle s'adresse aux tribunaux compétents, qui lui donneront gain de cause si elle peut établir que le congé a été donné dans les délais légaux.

Donné par huissier, le congé doit être signifié à la personne et à son domicile.

La signification au concierge est une cause de nullité de congé.

Dans le cas de cession de bail, est valable le congé donné par le bailleur à la personne qui occupe les lieux.

Celle des parties à laquelle le congé a été donné peut résister à l'autre soit juridiquement, c'est-à-dire par la contestation du congé ou par la durée du bail, etc...; soit par une résistance de fait qui se manifeste par le refus de vider les lieux.

Dans le premier cas il faut assigner celui qui résiste devant le tribunal compétent;

Dans le second, il faut l'assigner en référé et demander son expulsion.

L'effet du congé peut être détruit ou modifié par une convention écrite.

Les frais incombent à celle des deux parties qui donne congé; excepté dans le cas où il serait dû des loyers, et qu'il y aurait commandement.

Délais dans lesquels on doit donner congé.

1° A Paris le congé doit être donné *six mois avant le terme* pour :

Les maisons entières;

Les corps de logis entiers;

Les magasins et boutiques au rez-de chaussée, et ouvrant sur la rue, sur un passage public ou sur une cour marchande;

Les maîtres de pensions;

Les juges de paix, les commissaires de police et autres fonctionnaires obligés de louer dans un quartier déterminé.

2° Le congé doit être donné *trois mois avant le terme*, pour :

Les appartements dont le prix du loyer annuel est supérieur à 400 francs.

3° Le congé doit être donné *six semaines avant le terme* pour :

Les appartements, logements, ou chambres d'un loyer de 400 francs et au-dessous.

(NOTA. — *On appelle loyer de 400 francs un loyer dont le prix annuel est de 400 francs en y comprenant toutefois les impôts, les frais d'eau, de gaz, etc.*)

Il faut que les délais de six semaines, trois mois et six mois soient pleins.

Congé sous seing privé.

Entre les soussignés, il est convenu et arrêté ce qui suit :
M. .... propriétaire d'une maison sise à .... rue .... n° ..... donne, par les présentes, congé à M. .... son locataire, qui l'accepte, pour quitter le .... 18... les lieux que celui-ci occupe dans ladite maison.

De son côté ledit sieur .... locataire, promet de quitter lesdits lieux au jour convenu, avant midi, et à remettre les clefs au propriétaire après s'être conformé aux obligations légales.

Fait double à ...., le .... 18...

(*Signature du propriétaire.*)　　(*Signature du locataire.*)

Obligations pour le locataire qui a donné congé ou dont le bail touche à sa fin, de laisser visiter les lieux aux personnes qui se présentent pour les louer.

Le locataire qui a reçu ou donné congé, celui dont le bail est sur le point d'expirer doit laisser visiter les lieux qu'il va quitter par les personnes qui désirent les louer.

S'il s'y refusait, il serait passible envers le propriétaire de dommages-intérêts.

Le propriétaire ne peut *exiger* du locataire qu'il fasse visiter les lieux loués, que dans les délais fixés par l'usage des lieux pour la signification des congés ; c'est-à-dire pour Paris six semaines, trois mois ou six mois, suivant qu'il s'agit de locations inférieures ou supérieures à 400 francs, ou encore de maisons entières, boutiques magasins, etc... (Voyez *suprà*, pages 38 et 39).

Tant que le locataire occupe les lieux, il n'est pas tenu de les laisser visiter à toutes heures du jour.

Il peut fixer par exemple deux ou trois heures dans l'après-midi, généralement de une heure à quatre ou de deux heures à cinq.

Mais s'il ne reste dans les lieux ni meubles, ni marchandises, ni objets quelconques, le propriétaire peut parfaitement exiger le dépôt des clefs chez le concierge, pour que celui-ci puisse faire visiter à toutes heures.

Si le locataire veut s'absenter il fera bien de laisser les clefs entre les mains du concierge, ou de toute autre personne de son choix ; sans cela le propriétaire pourrait lui demander des dommages-intérêts pour réparation du préjudice qu'il lui aurait causé en l'empêchant de louer.

Remise des lieux. — Le locataire doit remettre

à son propriétaire les lieux qu'il occupe, à midi précis, au jour fixé.

Les réparations doivent être faites et le déménagement opéré.

Il doit avoir payé les loyers échus, et justifier du payement des contributions ;

Il peut enlever, malgré l'offre que lui fait le propriétaire de les payer, les objets qui semblent n'avoir pas été mis dans les lieux à perpétuelle demeure et qui peuvent être détachés sans dégradations pour l'immeuble.

Mais il ne peut pas détériorer les peintures qu'il aurait fait exécuter, ni arracher les papiers qu'il aurait fait poser.

Le locataire ne peut emporter les arbres qu'il a fait planter, mais le propriétaire lui en doit la valeur.

Il peut exiger du propriétaire un reçu des clefs, pour éviter toute contestation.

Voici le modèle de ce reçu :

Décharge de remise des clefs.

Je soussigné, propriétaire d'une maison sise à ...., reconnais que M. .... , locataire de .... (désignation des lieux), m'en a remis les clefs et qu'il y a en outre satisfait à toutes les obligations des locataires ; en conséquence, je le tiens quitte et déchargé de toutes choses relatives à sa location.

A ...., le .... 18.....

(Timbre de quittance.)   *(Signature du propriétaire.)*

Si le propriétaire, tout en voulant bien accepter les clefs, refuse d'en donner quittance, il sera prudent de lui remettre ses clefs devant témoins.

S'il se refusait à les accepter, il faudra les lui faire offrir par huissier, ou bien les déposer au commissariat de police. Mais il est bien plus simple de prendre deux témoins. C'est un moyen aussi sûr et moins coûteux,

Coût du procès-verbal d'un huissier qui offre les clefs au propriétaire qui a refusé de les accepter.

	Pour Paris.		Pour les départements.	
Honoraires..........	5 fr.	»	4 fr.	»
Copie (s'il y en a)...	1	25	1	»
Enregistrement......	3	75	3	75
	10 fr.	»	8 fr. 75	

A ce coût il faut ajouter le prix du papier timbré.

Il arrive qu'un locataire fasse faire pour sa commodité personnelle plusieurs clefs de son appartement. — A sa sortie il doit à son propriétaire la remise de ces clefs. Le locataire qui refuse de les lui donner, s'expose à une action en dommages-intérêts.

Tacite reconduction. — Le bail est fini, et le délai fixé est expiré ; le locataire peut déménager sans donner congé.

Mais s'il reste dans les lieux loués, son bail recommence à nouveau ; *c'est cette relocation tacite, qu'on appelle tacite reconduction.*

Aussi le propriétaire fera-t-il bien d'y faire attention.

La tacite reconduction peut être prohibée par une clause du bail.

Mais si le locataire reste et est laissé en jouissance de la chose louée et que cette jouissance se prolonge, l'effet du congé sera nul, et il en faudra un autre dans les délais légaux pour faire cesser la location.

Réparations à la charge du propriétaire. — En principe toutes les réparations autres que les locatives sont à la charge du propriétaire : ce sont les voûtes, — murs de refends et de soutènement, — clôtures, — toits, — couvertures, — manteaux et souches de cheminées, — aire de plâtre des appartements non carrelés, — marches cassées par le tassement, — pavé des cours et écuries, — portes, fenêtres, et fermetures de toute espèce, — lambris, — parquets, — vitres cassées par la grêle, par des pierres lancées de la rue ou tout autre cas de force majeure ; *enfin toutes dégradations de l'immeuble par vétusté, cas fortuit ou force majeure.* Ce qui n'empêche qu'il n'ait son recours contre tous les sous-locataires, ou locataires, s'il y a de leur faute.

Réparations locatives. — On appelle réparations locatives les réparations qui sont occasionnées par la faute du locataire ou des siens, et ne proviennent ni de la vétusté ni de la mauvaise qualité des parties dégradées. *Elles incombent au locataire.*

Il y a d'abord celles désignées comme telles par l'usage des lieux; *ce sont les réparations à faire :*

Aux âtres, contre-cœurs, chambranles et tablettes de cheminées ;

Au recrépiment du bas des murailles des appartements et autres lieux d'habitation à la hauteur de un mètre ;

Aux pavés et carreaux des chambres lorsqu'il y en a seulement quelques-uns de cassés ;

Aux vitres, hors le cas de force majeure ;

Aux portes, croisées, planches de cloison, de fermetures de boutiques, gonds, verrous et serrures.

Le locataire doit encore :

Les réparations aux mangeoires dans les écuries;

Il doit l'entretien des chasse-roues ;

L'entretien des stores et jalousies, et de tous les objets de quincaillerie qui servent aux croisées et aux cheminées.

S'il a un jardin, il en doit l'entretien ; il remplace les arbres qui meurent pendant sa jouissance, par d'autres de même âge, si c'est possible;

Il remplace les vieux arbres et en garde le bois ; mais il peut enlever les arbustes, fleurs et plantes qu'il a plantés lui-même ;

Les treillages, palissades, berceaux sont à la charge du propriétaire.

Il doit rendre les armoires avec leurs tablettes et fermetures ;

Entretenir les cuvettes des cabinets d'aisances;

Remplacer les vitres et glaces brisées; mais les morceaux lui appartiennent.

Il doit réparation et nettoyage pour les taches d'encre, de graisse, qu'il a faites aux parquets, ainsi que les brûlures et les trous de clous ;

Il doit boucher les trous de clous qui existent dans les murs ;

Il doit enfin rendre les lieux en bon état de propreté.

Les réparations des *fourneaux de cuisine* sont à la charge du propriétaire, mais le locataire doit celles des carreaux qui forment le dessous des fourneaux dits potagers, ainsi que le remplacement de leurs grilles lorsqu'elles sont brûlées.

Le locataire doit réparer les dégradations survenues aux pierres à laver, si elles le sont de son fait; mais il ne doit pas entretenir le tuyau s'il y a une grille; il ne doit pas réparer cette grille si elle est tordue ou enfoncée.

Les réparations aux tuyaux de conduite des eaux sont toujours à la charge du propriétaire, s'ils sont branchés sur des canaux publics.

Il est bon de savoir que *le lavage des vitres et des glaces est toujours une réparation locative.*

En cas de contestation, c'est le juge de paix de l'endroit où se trouvent les lieux loués, qui est *toujours* compétent, quelle que soit la somme réclamée et le prix de la location.

PRIVILÈGE DU PROPRIÉTAIRE

Comme nous l'avons dit plus haut, le locataire est obligé de garnir les lieux loués de meubles suffisants pour répondre du prix du loyer.

Ces meubles sont la garantie exclusive du propriétaire.

C'est le droit à cette garantie exclusive qu'on appelle le privilège du propriétaire.

Les meubles qui garnissent les lieux loués sont : les meubles meublants; les livres d'une bibliothèque ; les collections de tableaux, médailles, objets d'art; le linge de corps; les vêtements; la vaisselle; le linge de lit et de table.

Mais il faut en exclure :

Le coucher du locataire et de sa famille ;

L'argent monnayé, les titres de créances, les pierreries, les bijoux ;

Les meubles destinés à une autre maison et qui auraient été transportés dans les lieux loués ;

Le linge remis à la blanchisseuse ;

Les effets donnés au tailleur ;

Les montres en réparation chez l'horloger ;

En un mot toute chose ne se trouvant que transitoirement dans les lieux loués.

Le propriétaire ne peut pas exercer son privilège sur les objets fabriqués par son locataire, alors que les matières premières lui ont été fournies par des tiers.

Le propriétaire ne peut pas exercer son privilége sur des marchandises déposées à condition par des fabricants chez son locataire, pas plus que sur les marchandises déposées chez ce locataire, s'il est commissionnaire.

Mais si le locataire n'exerce pas la profession de commissionnaire en marchandises, nous croyons prudent pour le fabricant qui fait chez celui-ci un dépôt, de prévenir le propriétaire de l'existence de ce dépôt soit par lettre recommandée, soit par une signification.

La loi n'a d'autre but, en effet, que d'accorder au propriétaire un privilége exclusif sur tout ce qui a pu lui sembler constituer pour lui une garantie.

Ainsi, si le locataire a pris à loyer des meubles pour garnir les lieux loués, le propriétaire aura sur ces meubles le même privilége que s'ils appartenaient au locataire.

Le privilége du propriétaire s'étend aussi aux meubles du sous-locataire pour la dette du locataire ou locataire principal, bien que le sous-locataire ait payé par anticipation.

Il est bien entendu que le locataire principal aura le même privilége que le propriétaire, sur les meubles et marchandises des locataires auxquels il aura sous-loué.

Droits du locataire. — Le locataire peut refuser à son propriétaire l'accès des lieux loués, excepté :

1° en cas de réparation; 2° en cas de mise en vente ou d'achat de l'immeuble; 3° ou pour faire visiter, en vue d'une relocation, avant l'expiration du bail courant.

Le locataire, à moins de conventions contraires, a le droit de céder son bail ou de sous-louer.

Céder son bail, c'est transmettre à un tiers tous ses droits de locataire; dans ce cas, le locataire se retire complètement et laisse la place à son cessionnaire, qui devient l'obligé direct du propriétaire.

Sous-louer, c'est faire un nouveau contrat entre locataire et sous-locataire, sans que le propriétaire intervienne; dans ce cas le locataire reste garant vis-à-vis du propriétaire du payement des loyers.

L'interdiction de sous-louer emporte celle de céder;

L'interdiction de céder, au contraire, n'emporte pas celle de sous-louer.

La prohibition de sous-louer emporte celle de tenir pension et de loger des pensionnaires.

La mort du propriétaire, à moins de convention spéciale, n'entraine nullement la résiliation du bail. Ses droits et ses obligations passent à ses héritiers.

DE LA SAISIE-GAGERIE.

SA PROCÉDURE.

Si le locataire n'a pas payé le terme échu, le propriétaire peut, *que le bail soit authentique, sous seing privé ou verbal*, un jour après commandement de payer signifié par huissier, et sans permission du juge, faire saisir-gager les meubles, marchandises et effets du locataire qui se trouvent dans les lieux loués.

Le propriétaire peut même faire saisir-gager sans commandement préalable en vertu de la permission qu'il en aura obtenue sur cédule ou requête présentée soit au juge de paix, soit au président du tribunal civil, suivant que le prix du loyer sera inférieur ou supérieur à 400 francs.

Devant le juge de paix, cette *cédule* est délivrée gratuitement et dispensée d'enregistrement. — Devant le président du tribunal, la *requête* doit être présentée par ministère d'avoué qui ne peut réclamer plus de 2 francs d'honoraires (art. 76 du tarif, 16 févr. 1807); l'enregistrement de l'ordonnance est de 5 fr. 63, plus le prix du papier timbré.

Mais cette permission n'est accordée qu'en cas d'urgence: si le locataire, par exemple, a essayé d'enlever ses meubles.

L'autorisation de saisir-gager, qu'elle soit donnée par le juge de paix ou le président du tribunal, *est sans appel*.

Il n'est permis de saisir-gager que pour des créances liquides et certaines, c'est-à-dire pour *des loyers échus*.

La saisie-gagerie peut être pratiquée pour des *loyers à échoir* si les meubles ont été déplacés sans le consentement du propriétaire.

On peut saisir-gager sur *les héritiers* du locataire, même pendant les délais fixés pour faire inventaire et délibérer (trois mois pour faire inventaire; quarante jours pour délibérer).

La saisie-gagerie est à la fois un acte conservatoire et un acte d'exécution par lequel le principal locataire ou le propriétaire fait saisir d'abord, et vendre ensuite, après jugement de validité, les objets qui garnissent les lieux loués.

Procédure de la saisie-gagerie. — Lorsque le bail est *authentique* et *pourvu de la formule exécutoire*, le propriétaire, avec la grosse de son bail, peut, un jour après le commandement de payer, signifié par huissier à son locataire, faire *saisir-exécuter* les meubles et effets de ce dernier et faire procéder à la vente de ces meubles huit jours après la signification de cette saisie au locataire.

Lorsque le bail est sous seing privé ou verbal, la procédure commence par un *commandement* de payer fait au locataire.

Coût d'un commandement de payer.

	Pour Paris.	Pour les départements.
Original et honoraires.	2 fr. »	1 fr. 50
Copie.................	» 50	» 40
Enregistrement......	3 75	3 75
	6 fr. 25	5 fr. 65

Coût auquel il faut ajouter :

1° 60 centimes par feuille de timbre employée;
2° Le prix du déplacement s'il y a lieu;
3° Enfin pour la copie de pièces 25 centimes pour Paris, et 0,20 pour les départements par rôle contenant 400 syllabes.

Un jour plein après ce commandement, c'est-à-dire le mardi si le commandement a été fait le samedi, puisque le dimanche ne compte pas, ou le mercredi si le commandement a été fait le lundi, le propriétaire a le droit de faire, par le ministère d'un huissier, *saisir-gager* pour les loyers échus les meubles de son locataire.

La saisie-arrêt une fois faite, le propriétaire doit faire assigner le locataire en validité de la saisie-gagerie.

Puis il fait signifier au locataire ce jugement avec un nouveau commandement de payer.

Coût de la signification de la saisie-gagerie.

	Pour Paris.		Pour les départements.	
Honoraires et original.	2 fr.	»	1 fr. 50	
Copie...................	»	50	»	40
Enregistrement........	3	75	3	75
Timbre...............	1	20	1	20
Copies de pièces......	»	25 par rôle	»	20
Déplacement s'il y a lieu	»	»	»	»
	7 fr. 70		7 fr. 05	

Si le locataire refuse encore de payer, la saisie-gagerie est convertie en saisie-exécution, et huit jours après aura lieu la signification de la vente.

Expulsion. — *C'est quelquefois le propriétaire qui, ayant un bon locataire, se refuse à le laisser sortir des lieux.* — S'il y a expiration de bail ou congé donné dans les délais et reçu ou accepté, la difficulté n'est pas grande.

Il suffit de citer devant le juge de paix, si le loyer

annuel est de 400 francs, ou assigner en référé devant le président du tribunal civil, si le prix du loyer
est supérieur à cette somme.

Et le magistrat, sans délai ni autre procédure,
dira que le propriétaire est tenu de laisser sortir le
locataire, et qu'en cas de résistance il sera autorisé
à se faire aider de la force armée.

Mais lorsque *c'est le locataire qui refuse de vider
les lieux*, et que le loyer annuel n'excède pas
400 francs, le propriétaire fait citer le locataire
devant le juge de paix.

Si le loyer annuel est au-dessus de cette somme,
le propriétaire doit faire assigner le locataire en
référé, et si le locataire ne conteste pas la validité
du congé, le président du tribunal de première
instance, ou le juge qui le remplace, ordonne l'expulsion du locataire, et permet même, en cas de refus
d'ouverture des portes, de les faire ouvrir par un
serrurier, en présence du juge de paix ou du com-
missaire de police.

Lorsque les portes sont ouvertes, l'huissier fait
commandement d'exécuter l'ordonnance de référé ;
et, en cas de refus, il l'exécute lui-même, en expul-
sant le locataire et en mettant ses meubles dehors,

Mais si le locataire n'a pas payé, au lieu de mettre
ses meubles dehors on les fait saisir et séquestrer.

S'il paye et ne fait pas les réparations, locatives,
l'huissier dresse un état de ces réparations, et le
somme de les faire exécuter sur-le-champ, ou de
laisser somme suffisante à cet effet.

S'il refuse de payer les réparations locatives, on l'assigne devant le juge de paix, seul compétent, qui ordonne que, faute par lui d'obéir, ses meubles seront séquestrés comme étant la garantie de l'exécution du bail.

On lui signifie l'ordonnance avec sommation de l'exécuter, et, s'il ne le veut pas, l'huissier séquestre les meubles après en avoir dressé un état, dont il lui remet copie.

Si le locataire conteste la validité du congé, ni le président du tribunal ni le juge de paix ne peut ordonner l'expulsion.

Mais il ne suffit pas que le locataire déclare contester le congé, sans produire aucun document utile, surtout lorsqu'il n'a fait aucune protestation pendant tout le délai du congé.

Si la mauvaise foi du locataire est évidente, le juge ordonne l'expulsion pure et simple.

S'il y a doute, il ordonne que le locataire forme sa demande en nullité de congé à jour fixe devant le tribunal ; faute de quoi il autorise l'expulsion.

Voici le mode adopté à cet égard dans les justices de paix de Paris : Chaque juge de paix tient une audience spéciale les jours d'échéances des termes des petites locations, c'est-à-dire le 8 des mois de janvier, avril, juillet et octobre.

Quand le locataire qui a reçu congé refuse de sortir des lieux à midi, le juge de paix permet au propriétaire, sur sa demande (et en vertu de l'art. 6

C. *Pr. civ.*), de l'assigner dans le jour et à l'heure indiquée pour son audience spéciale.

Si les lieux occupés par le locataire sortant ne sont pas loués, le juge accordera presque toujours un délai.

Mais s'il n'en est pas ainsi, l'assignation est donnée de suite par l'huissier audiencier du juge de paix : le jugement est rendu le même jour, exécutoire par provision sur minute et avant l'enregistrement, vu l'urgence (art. 11 et 12 du *C*. *Pr. civ.*), ce jugement commet l'huissier qui a donné l'assignation pour procéder à l'expulsion et le tout est exécuté dans la même jour.

DEVOIRS DU CONCIERGE

Le concierge est un homme de service à gages.

Il est à la fois au service du propriétaire et au service du locataire,

C'est un domestique et les contestations que le propriétaire ou le locataire peuvent avoir avec lui sont de la compétence exclusive du juge de paix.

Comme le domestique, il peut être renvoyé dans les huit jours.

Pour le locataire. — Le concierge doit être poli et complaisant, sinon il tombe sous l'application de la loi du 29 juillet 1881, article 33 et du Code pénal, article 471.

Il doit monter aux locataires les lettres et les paquets

distribués par la poste, au moins trois fois par jour.

Sa surveillance doit être incessante. — Donc sa loge ne doit pas être abandonnée.

Il ne doit pas lire les cartes postales ni les journaux adressés aux locataires.

Il ne doit pas se refuser à recevoir les lettres adressées au locataire, ni les lui remettre tardivement; il serait, dans ce cas, passible de dommages-intérêts, et le propriétaire en serait responsable.

Il doit avertir le locataire quand telle personne est venue le demander. (Arrêt, Paris, 29 juillet 1881.)

Il doit ouvrir la porte à toute heure du jour ou de la nuit aux locataires ou à leurs voitures (Trib. Seine, 7 février 1857) et le propriétaire est tenu de lui donner à cet égard des ordres formels, sinon il devient personnellement responsable. (Trib. Seine, 12 juin 1840.)

Il doit indiquer où se trouve la porte du locataire qu'on vient demander, et doit laisser monter tous les visiteurs, quels qu'ils soient.

Il doit donner, lorsqu'il la connaît, la nouvelle adresse d'un ex-locataire. En cas de refus, ce dernier est admis à en faire la preuve, et le propriétaire sera déclaré civilement responsable du fait de son préposé. (Trib. Seine, 22 juillet 1871.)

Le propriétaire peut être actionné si son concierge, interprétant abusivement la clause applicable aux commissionnaires porteurs de paquets, fait monter des visiteurs par l'escalier de service. (Trib. de la Seine, 26 mars 1875.)

Si le concierge est impoli, s'il ne remplit pas ses devoirs envers le locataire, celui-ci a le droit de demander au propriétaire son renvoi de la maison, et, en cas de refus, de le faire ordonner par le Tribunal. Faute de ce faire, le propriétaire serait condamné à payer au locataire, à titre de dommages-intérêts, une somme déterminée. (Trib. de la Seine, 10 juillet 1836; 31 juillet 1862 ; 9 juin 1859.)

L'irrévérence du concierge envers un locataire peut même être une cause de résiliation du bail, si le propriétaire, après avoir eu connaissance des faits, le maintient néanmoins dans son emploi. (C. de Paris, 23 juin 1836; 30 août et 19 décembre 1840; 26 août 1861.)

Le propriétaire est responsable en cas de vol commis par son concierge. (Trib. de la Seine, 16 février 1872.)

Le principal locataire est responsable envers son sous-locataire des faits du concierge, lors même que ce dernier a été placé dans la maison par le propriétaire. (Trib. de la Seine, 4 mars 1863.)

Le principal locataire qui est tenu par son bail de payer le concierge n'a pas le droit de le renvoyer. Ce droit appartient exclusivement au propriétaire. (Cass., 30 janvier 1848.)

Il est bon de remarquer que le fait par le concierge d'avoir loué pour lui une chambre dans la maison, ne lui donne nullement le titre de locataire. — Donc le propriétaire qui le congédie ne peut pas exiger de lui, pour cette chambre, le terme courant.

A Paris, il est d'usage que le concierge prélève une bûche toutes les fois que le charbonnier apporte du bois à un locataire. — *C'est un usage, mais qui n'est pas du tout obligatoire.*

QUELQUES RENSEIGNEMENTS UTILES.

Éclairage de l'escalier. — A Paris, l'usage exige que l'escalier d'une maison louée reste éclairé jusqu'à *minuit.*

Par exception, l'éclairage peut cesser à partir de onze heures du soir, quand les locataires sont rentrés, ou leurs visiteurs sortis.

Dans certains cas exceptionnels (tel que celui ou l'un des locataires donnerait une soirée) qui nécessiteraient un éclairage de l'escalier prolongé après minuit, en principe le propriétaire *ne peut pas s'y refuser*, sauf toutefois au locataire à payer le supplément de dépense. (Jugement du Trib. civ. de la Seine, 5ᵉ ch., 30 janvier 1891.)

Machine à coudre. — L'usage d'une machine à coudre est permis pendant la journée, à condition toutefois que le bruit en soit tolérable.

Piano. — Il a été jugé qu'on pouvait se servir d'un piano de dix heures du matin à dix heures du soir.

Puits. — Le curement des puits est toujours à la charge du propriétaire.

Ramonage des cheminées. — Le ramonage des cheminées est toujours à la charge du locataire.

Sonnettes. — L'entretien des sonnettes est toujours à la charge du locataire.

Vidange de la fosse d'aisances. — Elle est toujours à la charge du propriétaire (art. 1756, Code civil).

TABLE ALPHABÉTIQUE

FIN DE LA TABLE ALPHABÉTIQUE.

7756-90. — CORBEIL. Imprimerie CRÉTÉ.